독학, 왕초보 일본어 첫걸음

STEP 04

기초단어 따라쓰기

일본어
품사별 단어
단숨에
뛰어넘다

BASICWORDS

야야 때요 저 미ㅇ

LanCom
Language & Communication

이 책의 구성과 차례, 일러두기

쓰면서 익히는 품사별 단어

품사별 722 기초단어

명사 / 361 단어
대명사 / 19 단어
동사 / 152 단어
형용사 / 76 단어
형용동사 / 38 단어
부사 / 57 단어
감동사 / 19 단어

이 책을 시작하기 전에 먼저 일본어 문자인 히라가나와 가타카나를 어느 정도 익혀야 합니다. 일반적으로 일본어를 처음 시작할 때 문자만 익히면 곧바로 문장으로 들어가서 중도에 포기하는 경우가 많습니다. 초급과정에서 익혀두어야 할 단어를 품사별로 정리하였습니다.

즉, 명사와 대명사 그리고 동사, 형용사, 형용동사(형용사의 또다른 형태) 끝으로 부사, 감동사를 일본어를 배울 때 반드시 필요한 기초단어를 수록하였습니다. 이 책에 수록된 단어만 제대로 익히면 초급에 들어가서 훨씬 쉽게 문장을 익히고 습득할 수 있습니다.

각 UNIT마다 19개의 단어를 품사별로 구성하여 일본어 가나순으로 총 722개의 단어를 수록하였습니다. 모든 단어는 표제단어 밑에 한자어 표기를 두었으며 히라가나 카타카나 읽기가 다소 서투르더라도 누구나 쉽게 읽을 수 있도록 한글로 그 발음을 표기해 두었습니다. 물론 QR코드를 체크하면 일본인의 정확한 발음을 그림과 함께 동영상으로 들을 수 있습니다.

표제단어 아래에는 쉽게 기억할 수 있도록 단어와 관련된 이미지를 두었습니다. 그리고 단어를 써볼 수 있도록 따라쓰기와 빈칸을 두어 여러번 반복해서 쓰면서 암기할 수 있도록 하였습니다.

차례

품사별
기초단어 단숨에 따라잡기

랭컴출판사 홈페이지(www.lancom.co.kr)를 통해서 MP3 파일을 무료로 제공하고 있습니다.

일러두기

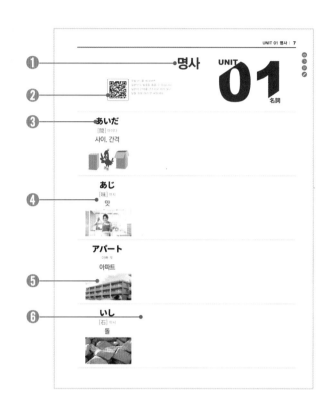

❶ 명사, 대명사, 동사, 형용사, 형용동사, 부사, 감동사 순으로 각 UNIT을 품사별로 구분하였습니다.

❷ 스마트폰 카메라로 QR코드를 체크하면 그림과 함께 동영상으로 일본인의 음성이 나옵니다. 큰소리로 따라읽으면서 정확한 발음을 익히길 바랍니다.

❸ 표제단어입니다. 모든 단어는 일본어 가나순으로 배열하였으면 기초과정에 익혀야 할 단어만을 품사별로 엄선하였습니다.

❹ 일본어를 표기할 때 쓰는 단어의 한자와 그 발음을 한글로 표기하여 누구나 쉽게 읽을 수 있습니다. 단어의 뜻은 기초과정에 익혀야 할 뜻만을 간략하게 두었습니다.

❺ 단어마다 해당 이미지를 두어 쉽게 뜻을 이해할 수 있으며 오래도록 기억할 수 있습니다.

❻ 주어진 단어를 먼저 따라쓰기를 해보세요. 따라쓰기를 마친 다음 큰소리로 읽으면서 빈칸에 또박또박 써보세요.

독학, 왕초보 일본어 첫걸음 기초단어 따라쓰기

명사

UNIT 01 名詞

큐알코드를 체크하면
일본인의 발음을 들을 수 있습니다.
일본어 단어를 큰소리로 따라 읽고
밑줄 위에 여러 번 써보세요.

あいだ
[間] 아이다
사이, 간격

あいだ

あじ
[味] 아지
맛

あじ

アパート
아빠-또
아파트

アパート

いし
[石] 이시
돌

いし

いしゃ
[医者] 이샤
의사

いしゃ

いと
[糸] 이또
실

いと

いなか
[田舎] 이나까
시골

いなか

いのち
[命] 이노찌
목숨; 생명

いのち

いま
[居間] 이마
거실; 거처방

いま

いりぐち
[入口] 이리구찌
입구

いりぐち

うそ
[嘘] 우소
거짓말

うそ

うで
[腕] 우데
팔, 솜씨; 실력

うで

うら
[裏] 우라
뒤; 뒷면

うら

うわぎ
[上着] 우와기
겉옷

うわぎ

えいご
[英語] 에-고
영어

えいご

えだ
[枝] 에다
가지, 갈래

えだ

エレベーター
에레베-따-
엘리베이터

エレベーター

えんぴつ
[鉛筆] 엠삐쯔
연필

えんぴつ

おちゃ
[お茶] 오쨔
차

おちゃ

명사

큐알코드를 체크하면
일본인의 발음을 들을 수 있습니다.
일본어 단어를 큰소리로 따라 읽고
밑줄 위에 여러 번 써보세요.

おと
[音] 오또
소리

おと

おもちゃ
[玩具] 오모쨔
장난감

おもちゃ

おんがく
[音楽] 옹가꾸
음악

おんがく

がいこくじん
[外国人] 가이꼬꾸징
외국인

がいこくじん

かいだん
[階段] 카이당
계단
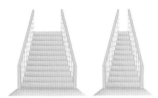

かいだん

かがみ
[鏡] 카가미
거울

かがみ

かぎ
[鍵] 카기
열쇠

かぎ

がくせい
[学生] 각세-
학생; 대학생

がくせい

かじ
[火事] 카지
화재; 불

かじ

かぜ
[風] 카제
바람

かぜ

かぜ
[風邪] 카제
감기

かぜ

かぞく
[家族] 카조꾸
가족

かぞく

かた
[肩] 카따
어깨

かた

かたち
[形] 카따찌
모양, 꼴

かたち

がっこう
[学校] 각꼬-
학교

がっこう

カップ
칸뿌
컵

カップ

かど
[角] 카도
구석, 길모퉁이

かど

かばん
카방
가방

かばん

かびん
[花瓶] 카빙
꽃병

かびん

명사

큐알코드를 체크하면
일본인의 발음을 들을 수 있습니다.
일본어 단어를 큰소리로 따라 읽고
밑줄 위에 여러 번 써보세요.

かべ
[壁] 카베
벽

かべ

かみ
[髪] 카미
머리

かみ

かようび
[火曜日] 카요-비
화요일

火曜日

かようび

ガラス
가라스
유리

ガラス

からだ
[体] 카라다

몸, 육체

からだ

カレー
카레-

카레

カレー

カレンダー
카렌다-

캘린더; 달력

カレンダー

かわ
[川·河] 카와

하천; 강

かわ

かんじ
[漢字] 칸지

한자

かんじ

き
[木] 키
나무

き

きせつ
[季節] 키세쯔
계절; 철

きせつ

きた
[北] 키따
북쪽

きた

ギター
기따-
기타

ギター

きって
[切手] 킷떼
우표

きって

きっぷ
[切符] 킵뿌
표

きっぷ

きのう
[昨日] 키노-
어제

きのう

きぶん
[気分] 키붕
기분

きぶん

きもち
[気持ち] 키모찌
마음; 기분

きもち

きもの
[着物] 키모노
옷; 일본 전통 옷

きもの

명사

큐알코드를 체크하면
일본인의 발음을 들을 수 있습니다.
일본어 단어를 큰소리로 따라 읽고
밑줄 위에 여러 번 써보세요.

ぎゅうにく
[牛肉] 규-니꾸
쇠고기

ぎゅうにく

ぎゅうにゅう
[牛乳] 규-뉴-
우유

ぎゅうにゅう

きょう
[今日] 쿄-
오늘

きょう

きょうしつ
[教室] 쿄-시쯔
교실

きょうしつ

きょうだい
[兄弟] 쿄-다이
형제

きょうだい

きょねん
[去年] 쿄넹
작년

にねんまえ 2年前	いちねんまえ 1年前	げんざい 現在
おととし **一昨年**	きょねん **去年**	ことし **今年**
⑤	④	①

きょねん

ぎんこう
[銀行] 깅꼬-
은행

ぎんこう

くさ
[草] 쿠사
풀

くさ

くすり
[薬] 쿠스리
약

くすり

くだもの
[果物] 쿠다모노
과일

くだもの

くち
[口] 쿠찌
입

くち

くつ
[靴] 쿠쯔
신발; 구두

くつ

くつした
[靴下] 쿠쯔시따
양말

くつした

くに
[国] 쿠니
나라

くに

くび
[首] 쿠비
목

くび

くも
[雲] 쿠모
구름

くも

くらい
[位] 쿠라이
지위; 계급, 자릿수

1	3	7	4	2	9	0	6
千万の位	百万の位	十万の位	一万の位	千の位	百の位	十の位	一の位

くらい

グラス
구라스
글라스; 유리컵

グラス

クラス
쿠라스
클래스; 학급, 등급

クラス

명사

큐알코드를 체크하면
일본인의 발음을 들을 수 있습니다.
일본어 단어를 큰소리로 따라 읽고
밑줄 위에 여러 번 써보세요.

くるま
[車] 쿠루마
차

くるま

けいかん
[警官] 케-깡
경찰관

けいかん

けが
[怪我] 케가
상처; 부상

けが

けさ
[今朝] 케사
오늘 아침

けさ

けっこん
[結婚] 켁꽁
결혼

けっこん

げんかん
[玄関] 겡깡
현관

げんかん

げんき
[元気] 겡끼
원기; 기력

げんき

けんぶつ
[見物] 켐부쯔
구경

けんぶつ

こうえん
[公園] 코-엥
공원

こうえん

こうちゃ
[紅茶] 코-쨔
홍차

こうちゃ

こうばん
[交番] 코-방
파출소

こうばん

こえ
[声] 코에
소리, 목소리

こえ

コート
코-또
코트

コート

コーヒー
코-히-
커피

コーヒー

こおり
[氷] 코-리
얼음

こおり

ごご
[午後] 고고
오후

ごご

こころ
[心] 코꼬로
마음

こころ

ごぜん
[午前] 고젱
오전

ごぜん

コップ
콥뿌
컵

コップ

명사 UNIT 06 名詞

큐알코드를 체크하면
일본인의 발음을 들을 수 있습니다.
일본어 단어를 큰소리로 따라 읽고
밑줄 위에 여러 번 써보세요.

こと
[事] 코또
일; 것

こと

ことし
[今年] 코또시
금년; 올해

ことし

ことば
[言葉] 코또바
말

ことば

こども
[子供] 코도모
어린이

こども

ごはん
[ご飯] 고항
밥, 식사

ごはん

コピー
코삐-
카피; 복사

コピー

ごみ
고미
쓰레기; 티끌; 먼지

ごみ

こめ
[米] 코메
쌀

こめ

こんげつ
[今月] 콩게쯔
이번 달

こんげつ

📖 今月の目標 📖
....
....
....
....

こんしゅう

[今週] 콘슈-

이번 주

こんしゅう

こんばん

[今晩] 콤방

오늘 밤

こんばん

さいきん

[最近] 사이낑

최근

「最近読んだ本は？」

最近あまり本を
読んでない...

そんなときの対処法を解説！

さいきん

さいふ

[財布] 사이후

지갑

さいふ

さかな

[魚] 사까나

물고기; 생선

さかな

さき
[先] 사끼
앞, 선두, 끝

さき

さくぶん
[作文] 사꾸붕
작문

さくぶん

さくら
[桜] 사꾸라
벚나무; 벚꽃

さくら

ざっし
[雑誌] 잣시
잡지

ざっし

さとう
[砂糖] 사또-
설탕

さとう

명사

큐알코드를 체크하면
일본인의 발음을 들을 수 있습니다.
일본어 단어를 큰소리로 따라 읽고
밑줄 위에 여러 번 써보세요.

さんぽ
[散歩] 삼뽀
산책

さんぽ

しあい
[試合] 시아이
시합

しあい

しお
[塩] 시오
소금

しお

じかん
[時間] 지깡
시간

じかん

じこ
[事故] 지꼬
사고

じこ

しごと
[仕事] 시고또
일

しごと

じしょ
[辞書] 지쇼
사전

じしょ

じしん
[地震] 지싱
지진

じしん

した
[舌] 시따
혀

した

した
[下] 시따
아래; 밑

した

したぎ
[下着] 시따기
속옷; 내의

したぎ

しなもの
[品物] 시나모노
물품; 물건

しなもの

しま
[島] 시마
섬

しま

しまい
[姉妹] 시마이
자매

しまい

しゃしん
[写真] 샤싱
사진

しゃしん

シャツ
샤쯔
셔츠

シャツ

シャワー
샤와-
샤워

シャワー

じゆう
[自由] 지유-
자유

じゆう

しゅくだい
[宿題] 슈꾸다이
숙제

しゅくだい

명사

UNIT

08

名詞

큐알코드를 체크하면
일본인의 발음을 들을 수 있습니다.
일본어 단어를 큰소리로 따라 읽고
밑줄 위에 여러 번 써보세요.

しゅみ
[趣味] 슈미
취미

しゅみ

しょくどう
[食堂] 쇼꾸도-
식당

しょくどう

しんぶん
[新聞] 심붕
신문

しんぶん

スーパー
스-빠-
슈퍼마켓

スーパー

スカート
스까-또
스커트; 치마

スカート

ストーブ
스또-부
스토브; 난로

ストーブ

すな
[砂] 스나
모래

すな

スプーン
스푸-ㅇ
스푼

スプーン

スポーツ
스뽀-쯔
스포츠

スポーツ

ズボン
즈봉
바지

ズボン

せ
[背] 세
신장; 키, 등

せ

せいと
[生徒] 세-또
(중·고교) 학생

せいと

セーター
세-따-
스웨터

セーター

せかい
[世界] 세까이
세계

せかい

せっけん
[石けん] 섹껭
비누

せっけん

せっけん
[節倹] 섹껭
절약; 검약

せっけん

せなか
[背中] 세나까
등

せなか

せんげつ
[先月] 셍게쯔
지난달

いっかげつまえ 1ヶ月前	げんざい 現在	いっかげつご 1ヶ月後
せんげつ **先月**	こんげつ **今月**	らいげつ **来月**
④	①	②

せんげつ

せんしゅう
[先週] 센슈-
지난주

せんしゅう

명사

UNIT 09 名詞

큐알코드를 체크하면
일본인의 발음을 들을 수 있습니다.
일본어 단어를 큰소리로 따라 읽고
밑줄 위에 여러 번 써보세요.

せんせい
[先生] 센세-
선생(님)

せんせい

せんたく
[洗濯] 센따꾸
세탁; 빨래

せんたく

ぜんぶ
[全部] 젬부
전부; 모두

ぜんぶ

そうじ
[掃除] 소-지
청소

そうじ

そと
[外] 소또
밖

そと

そば
[蕎麦] 소바
메밀국수

そば

そば
[側] 소바
곁; 옆

そば

そら
[空] 소라
하늘

そら

だいがく
[大学] 다이가꾸
대학

だいがく

だいどころ
[台所] 다이도꼬로
부엌

だいどころ

たいふう
[台風] 타이후-
태풍

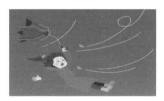

たいふう

タクシー
타꾸시-
택시

タクシー

たけ
[竹] 타께
대나무; 대

たけ

たたみ
[畳] 타따미
다다미; 짚 돗자리

たたみ

たて
[縦] 타떼
세로

たて

たてもの
[建物] 타떼모노
건물

たてもの

たな
[棚] 타나
선반

たな

たべもの
[食べ物] 타베모노
먹을 것; 음식

たべもの

たまご
[卵] 타마고
알, 달걀

たまご

명사

UNIT 10

名詞

큐알코드를 체크하면
일본인의 발음을 들을 수 있습니다.
일본어 단어를 큰소리로 따라 읽고
밑줄 위에 여러 번 써보세요.

たんじょうび
[誕生日] 탄죠-비
생일

たんじょうび

ち
[血] 치
피

ち

ちかく
[近く] 치까꾸
가까운 곳; 근처

近く
ちかく

ちかく

ちかてつ
[地下鉄] 치까떼쯔
지하철

ちかてつ

ちから
[力] 치까라
힘

ちから

ちず
[地図] 치즈
지도

ちず

ちち
[父] 치찌
아버지

ちち

ちちおや
[父親] 치찌오야
부친; 아버지

ちちおや

ちゃいろ
[茶色] 챠이로
갈색

茶色系統の色

ちゃいろ

ちゃわん
[茶わん] 챠왕
밥공기

ちゃわん

ついたち
[一日] 츠이따찌
1일

ついたち

つき
[月] 츠끼
달, 한 달; 월

つき

つぎ
[次] 츠기
다음; 버금

つぎ

つくえ
[机] 츠꾸에
책상

つくえ

つめ
[爪] 츠메
손톱; 발톱

つめ

て
[手] 테
손

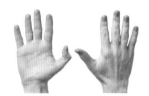

て

テープ
테-뿌
테이프

テープ

テーブル
테-부루
테이블

テーブル

てがみ
[手紙] 테가미
편지

てがみ

명사

UNIT 11 名詞

큐알코드를 체크하면
일본인의 발음을 들을 수 있습니다.
일본어 단어를 큰소리로 따라 읽고
밑줄 위에 여러 번 써보세요.

でぐち
[出口] 데구찌
출구

でぐち

テスト
테스또
테스트; 시험

テスト

デパート
데빠-또
백화점

デパート

てぶくろ
[手袋] 테부꾸로
장갑

てぶくろ

てら
[寺] 테라
절

てら

テレビ
테레비
텔레비전

テレビ

でんき
[電気] 뎅끼
전기

でんき

てんき
[天気] 텡끼
날씨, 일기

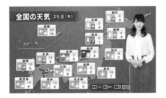

てんき

でんしゃ
[電車] 덴샤
전차, 전철

でんしゃ

でんとう
[電灯] 덴또-
전등

でんとう

でんわ
[電話] 뎅와
전화

でんわ

ドア
도아
도어; 문

ドア

トイレ
토이레
화장실

トイレ

どうぐ
[道具] 도-구
도구

どうぐ

どうぶつ
[動物] 도-부쯔

동물

どうぶつ

とおく
[遠く] 토-꾸

먼 곳

とおく

とき
[時] 토끼

때

とき

とけい
[時計] 토께-

시계

とけい

ところ
[所] 토꼬로

곳, 장소

ところ

명사

UNIT 12 名詞

큐알코드를 체크하면
일본인의 발음을 들을 수 있습니다.
일본어 단어를 큰소리로 따라 읽고
밑줄 위에 여러 번 써보세요.

とし
[年] 토시
해, 나이

とし

としょかん
[図書館] 토쇼깡
도서관

としょかん

となり
[隣] 토나리
이웃; 옆, 이웃집

となり

ともだち
[友達] 토모다찌
친구; 벗

ともだち

どようび
[土曜日] 도요-비
토요일

どようび

とり
[鳥] 토리
새

とり

とりにく
[鳥肉] 토리니꾸
닭고기

とりにく

ナイフ
나이후
나이프

ナイフ

なか
[中] 나까
가운데, 안; 속

なか

なつ
[夏] 나쯔
여름

なつ

なつやすみ
[夏休み] 나쯔야스미
여름방학; 여름휴가

なつやすみ

なまえ
[名前] 나마에
이름

なまえ

におい
[匂い] 니오이
냄새

におい

にく
[肉] 니꾸
고기

にく

にし
[西] 니시
서쪽

にし

にちようび
[日曜日] 니찌요-비
일요일

にちようび

にっき
[日記] 닉끼
일기

にっき

にもつ
[荷物] 니모쯔
짐

にもつ

にわ
[庭] 니와
정원; 뜰

にわ

명사

큐알코드를 체크하면
일본인의 발음을 들을 수 있습니다.
일본어 단어를 큰소리로 따라 읽고
밑줄 위에 여러 번 써보세요.

ネクタイ
네꾸따이

넥타이

ネクタイ

ねこ
[猫] 네꼬

고양이

ねこ

ねだん
[値段] 네당

값; 가격

ねだん

ノート
노-또

노트, 공책

ノート

のど
[喉] 노도
목구멍

のど

のみもの
[飲み物] 노미모노
마실 것; 음료

のみもの

は
[歯] 하
이

は

ばあい
[場合] 바-이
경우; 사정

ばあい

はいざら
[灰皿] 하이자라
재떨이

はいざら

はがき
[葉書] 하가끼
엽서

はがき

はこ
[箱] 하꼬
상자; 궤짝

はこ

はし
[橋] 하시
다리

はし

ばしょ
[場所] 바쇼
장소, 곳

ばしょ

バス
바스
버스

バス

はつおん
[発音] 하쯔옹
발음

はつおん

はな
[鼻] 하나
코

はな

はな
[花] 하나
꽃

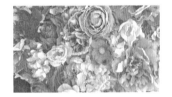

はな

はなし
[話] 하나시
이야기; 말

はなし

はなみ
[花見] 하나미
꽃구경

はなみ

명사

큐알코드를 체크하면
일본인의 발음을 들을 수 있습니다.
일본어 단어를 큰소리로 따라 읽고
밑줄 위에 여러 번 써보세요.

はね

[羽] 하네

날개, 새털; 깃

はね

はは

[母] 하하

어머니

はは

はやし

[林] 하야시

숲

はやし

はる

[春] 하루

봄

はる

はれ
[晴れ] 하레
맑음

はれ

パン
팡
빵

パン

ハンカチ
항까찌
손수건

ハンカチ

ばんぐみ
[番組] 방구미
프로그램

ばんぐみ

ばんごう
[番号] 방고-
번호

ばんごう

ばんごはん
[晩ご飯] 방고항
저녁식사

ばんごはん

はんたい
[反対] 한따이
반대

はんたい

ひがし
[東] 히가시
동쪽

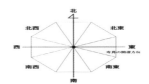

ひがし

ひこうき
[飛行機] 히꼬-끼
비행기

ひこうき

ひだり
[左] 히다리
왼쪽

ひだり

ひと
[人] 히또
사람

ひと

ひま
[暇] 히마
틈; 짬

ひま

びょういん
[病院] 뵤-잉
병원

びょういん

びょうき
[病気] 뵤-끼
병, 질병

びょうき

ひる
[昼] 히루
낮

ひる

명사

큐알코드를 체크하면
일본인의 발음을 들을 수 있습니다.
일본어 단어를 큰소리로 따라 읽고
밑줄 위에 여러 번 써보세요.

ひるごはん
[昼ご飯] 히루고항
점심

ひるごはん

ひるま
[昼間] 히루마
주간; 낮

ひるま

ふうとう
[封筒] 후-또-
봉투

ふうとう

ふく
[服] 후꾸
옷

ふく

ぶたにく
[豚肉] 부따니꾸
돼지고기

ぶたにく

ぶどう
[葡萄] 부도-
포도

ぶどう

ふとん
[布団] 후똥
이불

ふとん

ふね
[船] 후네
배

ふね

ふゆ
[冬] 후유
겨울

ふゆ

へや
[部屋] 헤야
방

へや

ペン
펭
펜

ペン

べんきょう
[勉強] 벵꾜-
공부

べんきょう

へんじ
[返事] 헨지
대답; 답장

へんじ

べんとう
[弁当] 벤또-
도시락

べんとう

ほう
[方] 호-
방향; 쪽

ほう

ぼうし
[帽子] 보-시
모자

ぼうし

ボールペン
보-루뻥
볼펜

ボールペン

ほか
[外] 호까
다른 것; 딴 것

ほか

ポケット
포껫또
포켓; 호주머니

ポケット

명사

큐알코드를 체크하면
일본인의 발음을 들을 수 있습니다.
일본어 단어를 큰소리로 따라 읽고
밑줄 위에 여러 번 써보세요.

UNIT 16 名詞

ほし
[星] 호시
별

ほし

ボタン
보땅
단추, 버튼

ボタン

ホテル
호떼루
호텔

ホテル

ほね
[骨] 호네
뼈, 뼈대

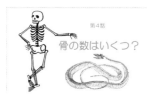

第4話
骨の数はいくつ？

ほね

ほん
[本] 홍
책

ほん

まいあさ
[毎朝] 마이아사
매일 아침

まいあさ

まいげつ
[毎月] 마이게쯔
매월

まいげつ

まいしゅう
[毎週] 마이슈-
매주

まいしゅう

まいにち
[毎日] 마이니찌
매일

まいにち

まいねん
[毎年] 마이넹
매년

まいねん

まいばん
[毎晩] 마이방
매일 밤

まいばん

まえ
[前] 마에
앞, 이전

まえ

まご
[孫] 마고
손자

まご

まち
[町] 마찌
도회

まち

まど
[窓] 마도
창; 창문

まど

まどぐち
[窓口] 마도구찌
창구

まどぐち

まんが
[漫画] 망가
만화

まんが

まんなか
[真ん中] 만나까
한가운데

まんなか

みぎ
[右] 미기
오른쪽

みぎ

명사

UNIT 17 名詞

큐알코드를 체크하면
일본인의 발음을 들을 수 있습니다.
일본어 단어를 큰소리로 따라 읽고
밑줄 위에 여러 번 써보세요.

みず
[水] 미즈
물

みず

みせ
[店] 미세
가게

みせ

みち
[道] 미찌
길

みち

みっか
[三日] 믹까
3일

三日
みっか

みっか

みっつ
[三つ] 밋쯔
셋, 세 개

みっつ

みどり
[緑] 미도리
녹색; 초록

みどり

みなと
[港] 미나또
항구

みなと

みなみ
[南] 미나미
남쪽

みなみ

みみ
[耳] 미미
귀

みみ

みんな
[皆] 민나
모두

みんな

むかし
[昔] 무까시
옛날

むかし

むこう
[向こう] 무꼬-
저쪽, 맞은편; 건너편

むこう

むし
[虫] 무시
벌레

むし

むすめ
[娘] 무스메
딸

むすめ

むら
[村] 무라
마을; 촌락

むら

め
[目] 메
눈

め

めがね
[眼鏡] 메가네
안경

めがね

もの
[物] 모노
것; 물건

落とし物を
してしまったら、
すぐに遺失届を!

もの

もり
[森] 모리
숲; 수풀

もり

명사

큐알코드를 체크하면
일본인의 발음을 들을 수 있습니다.
일본어 단어를 큰소리로 따라 읽고
밑줄 위에 여러 번 써보세요.

もん
[門] 몽
문, 대문

もん

もんだい
[問題] 몬다이
문제

もんだい

やおや
[八百屋] 야오야
야채장수; 야채가게

やおや

やかん
[夜間] 야깡
야간

やかん

やさい
[野菜] 야사이
채소, 야채

やさい

やすみ
[休み] 야스미
쉼; 휴식

やすみ

やま
[山] 야마
산

やま

ゆ
[湯] 유
뜨거운 물; 데운 물

ゆ

ゆうがた
[夕方] 유-가따
저녁때; 해질녘

ゆうがた

ゆうはん
[夕飯] 유-항
저녁밥

ゆうはん

ゆうべ
[夕べ] 유-베
어제 저녁; 어젯밤

ゆうべ

ゆき
[雪] 유끼
눈

ゆき

ゆび
[指] 유비
손가락

ゆび

ゆめ
[夢] 유메
꿈

ゆめ

ようい
[用意] 요-이
용의; 준비; 대비

ようい

ようじ
[用事] 요-지
볼일; 용건, 용변

ようじ

ようふく
[洋服] 요-후꾸
양복; 옷

ようふく

よこ
[横] 요꼬
옆, 가로

よこ

よしゅう
[予習] 요슈-
예습

よしゅう

명사

UNIT

名詞

큐알코드를 체크하면
일본인의 발음을 들을 수 있습니다.
일본어 단어를 큰소리로 따라 읽고
밑줄 위에 여러 번 써보세요.

よてい
[予定] 요떼-
예정
予定 / 計画

よてい

よやく
[予約] 요야꾸
예약

よやく

よる
[夜] 요루
밤

よる

らいげつ
[来月] 라이게쯔
다음 달

来月の消費予報

3月
46.5点

生活総研

らいげつ

らいしゅう
[来週] 라이슈-
다음 주

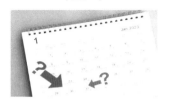

らいしゅう

らいねん
[来年] 라이넹
내년

らいねん

ラジオ
라지오
라디오

ラジオ

りゆう
[理由] 리유-
이유; 핑계

りゆう

りよう
[利用] 리요-
이용

りよう

りょうしん
[両親] 료-싱
부모; 어버이

りょうしん

りょうほう
[両方] 료-호-
양방; 쌍방

りょうほう

りょうり
[料理] 료-리
요리

りょうり

りょこう
[旅行] 료꼬-
여행

りょこう

れいぞうこ
[冷蔵庫] 레-조-꼬
냉장고

れいぞうこ

れいぼう
[冷房] 레-보-
냉방

れいぼう

れきし
[歴史] 레끼시
역사

れきし

レストラン
레스또랑
레스토랑

レストラン

レベル
레베루
레벨; 수준

レベル

ろうか
[廊下] 로-까
복도

ろうか

대명사

UNIT 20 代名詞

큐알코드를 체크하면
일본인의 발음을 들을 수 있습니다.
일본어 단어를 큰소리로 따라 읽고
밑줄 위에 여러 번 써보세요.

あそこ
아소꼬

저기; 거기

あそこ

あちら
아찌라

저쪽; 저기

あちら

あなた
아나따

당신; 여보

あなた

あれ
아레

저것

あれ

あれ

きみ
[君] 키미
그대; 자네; 너

きみ

ここ
코꼬
여기

ここ

こちら
코찌라
이쪽, 이곳

こちら

これ
코레
이것

これ

そこ
소꼬
거기

そこ

そちら
소찌라

그쪽

そちら

それ
소레

그것

それ

だれ
다레

누구

だれ

どこ
도꼬

어디; 어느 곳

どこ

どちら
도찌라

어느 쪽

どちら

どなた
도나따

어느 분; 누구

あのかたは どなた ですか。

…あべさんです。

どなた

どれ
도레

어느 것

どれ

なに
[何] 나니

무엇

なに

みなさん
[皆さん] 미나상

여러분

みなさん

わたし
[私] 와따시

나; 저

わたし

동사

큐알코드를 체크하면
일본인의 발음을 들을 수 있습니다.
일본어 단어를 큰소리로 따라 읽고
밑줄 위에 여러 번 써보세요.

あう
[会う] 아우
만나다

あう

あがる
[上がる] 아가루
오르다

あがる

あく
[開く] 아꾸
열리다

あく

あける
[開ける] 아께루
열다

あける

あげる
[上げる] 아게루
올리다

あげる

あそぶ
[遊ぶ] 아소부
놀다

あそぶ

あつまる
[集まる] 아쯔마루
모이다

あつまる

あびる
[浴びる] 아비루
뒤집어쓰다, 흠뻑 쓰다

あびる

あらう
[洗う] 아라우
씻다; 빨다

あらう

ある
아루
있다

ある

あるく
[歩く] 아루꾸
걷다

あるく

いう
[言う] 이우
말하다

いう

いく
[行く] 이꾸
가다

いく

いそぐ
[急ぐ] 이소구
서두르다

いそぐ

いる
이루
있다

いる

いる
[要る] 이루
필요하다; 소용되다

いる

いれる
[入れる] 이레루
넣다

いれる

いわう
[祝う] 이와우
축하하다

いわう

うける
[受ける] 우께루
받다

うける

동사

큐알코드를 체크하면
일본인의 발음을 들을 수 있습니다.
일본어 단어를 크소리로 따라 읽고
밑줄 위에 여러 번 써보세요.

うごく
[動く] 우고꾸
움직이다

うごく

うたう
[歌う] 우따우
노래하다

うたう

うつ
[打つ] 우쯔
치다, 때리다

うつ

うまれる
[生まれる] 우마레루
태어나다

うまれる

うる
[売る] 우루
팔다

うる

おきる
[起きる] 오끼루
일어나다

おきる

おく
[置く] 오꾸
두다, 놓다

おく

おくる
[送る] 오꾸루
보내다, 부치다

おくる

おこる
[怒る] 오꼬루
성내다; 화내다

おこる

おしえる
[教える] 오시에루
가르치다

おしえる

おす
[押す] 오스
밀다, 누르다

おす

おちる
[落ちる] 오찌루
떨어지다

おちる

おどろく
[驚く] 오도로꾸
놀라다

おどろく

おぼえる
[覚える] 오보에루
느끼다, 기억하다

おぼえる

おもう
[思う] 오모우
생각하다; 느끼다

おもう

およぐ
[泳ぐ] 오요구
헤엄치다

およぐ

おりる
[降りる] 오리루
내리다

おりる

おわる
[終わる] 오와루
끝나다

おわる

かう
[買う] 카우
사다

かう

동사

UNIT 23 動詞

큐알코드를 체크하면
일본인의 발음을 들을 수 있습니다.
일본어 단어를 큰소리로 따라 읽고
밑줄 위에 여러 번 써보세요.

かえす
[返す] 카에스
돌려주다

かえす

かえる
[帰る] 카에루
돌아가다; 돌아오다

かえる

かかる
[掛(か)る] 카까루
(병, 시간이) 걸리다

かかる

かく
[書く] 카꾸
쓰다

かく

かざる
[飾る] 카자루
장식하다, 꾸미다

かざる

かす
[貸す] 카스
빌려 주다

かす

かたづける
[片付ける] 카따즈께루
치우다, 정돈하다

かたづける

かつ
[勝つ] 카쯔
이기다

かつ

かぶる
[被る] 카부루
쓰다; 뒤집어쓰다

かぶる

かよう
[通う] 카요우
다니다; 왕래하다

かよう

かりる
[借りる] 카리루
빌리다; 꾸다

かりる

かわく
[乾く] 카와꾸
마르다

かわく

かわる
[変わる] 카와루
변하다; 바뀌다

かわる

かんがえる
[考える] 캉가에루
생각하다

かんがえる

がんばる
[頑張る] 감바루
분발하다, 힘내다

がんばる

きえる
[消える] 키에루
사라지다

きえる

きく
[聞く] 키꾸
듣다, 묻다

きく

きまる
[決まる] 키마루
정해지다; 결정되다

きまる

きる
[切る] 키루
베다, 자르다

きる

동사

큐알코드를 체크하면
일본인의 발음을 들을 수 있습니다.
일본어 단어를 큰소리로 따라 읽고
밑줄 위에 여러 번 써보세요.

きる
[着る] 키루
(옷을) 입다

きる

くもる
[曇る] 쿠모루
흐리다; 흐려지다

くもる

くる
[来る] 쿠루
오다

くる

くれる
쿠레루
주다

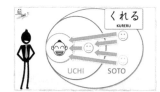

くれる

けす
[消す] 케스
(불을) 끄다, 지우다

電気消す

けす

こたえる
[答える] 코따에루
대답하다

こたえる

こまる
[困る] 코마루
곤란하다

こまる

ころぶ
[転ぶ] 코로부
쓰러지다; 구르다

ころぶ

さがす
[探す] 사가스
찾다

さがす

さく
[咲く] 사꾸
(꽃이) 피다

さく

しかる
[叱る] 시까루
꾸짖다; 야단치다

しかる

しぬ
[死ぬ] 시누
죽다

しぬ

しまう
[仕舞う] 시마우
파하다; 마치다

しまう

しまる
[閉まる] 시마루
닫히다

しまる

しめる
[閉める] 시메루
닫다

閉める　閉まる

しめる

しめる
[締める] 시메루
죄다, 조르다; 매다

しめる

しる
[知る] 시루
알다

しる

すう
[吸う] 스-
들이마시다; 빨아들이다

すう

すぎる
[過ぎる] 스기루
지나다; 통과하다

すぎる

동사

UNIT 25 動詞

큐알코드를 체크하면
일본인의 발음을 들을 수 있습니다.
일본어 단어를 큰소리로 따라 읽고
밑줄 위에 여러 번 써보세요.

すすむ
[進む] 스스무
나아가다

すすむ

すてる
[捨てる] 스떼루
버리다

すてる

すべる
[滑る] 스베루
미끄러지다

すべる

すむ
[住む] 스무
살다

すむ

する
스루
하다

〇〇する

する

すわる
[座る] 스와루
앉다

すわる

たおれる
[倒れる] 타오레루
쓰러지다; 넘어지다

たおれる

たす
[足す] 타스
더하다, 보태다

●+●=3

たす

だす
[出す] 다스
내다; 내놓다

だす

たずねる
[訪ねる] 타즈네루
찾다; 방문하다

たずねる

たつ
[立つ] 타쯔
일어서다

たつ

たてる
[建てる] 타떼루
세우다; 짓다

たてる

たのむ
[頼む] 타노무
부탁하다

たのむ

たべる
[食べる] 타베루
먹다

たべる

たりる
[足りる] 타리루
족하다, 충분하다

たりる

ちがう
[違う] 치가우
다르다, 틀리다

ちがう

つかう
[使う] 츠까우
쓰다, 사용하다

つかう

つかまえる
[捕まえる] 츠까마에루
붙잡다; 붙들다

つかまえる

つく
[付く] 츠꾸
붙다, 달라붙다

身に付く

つく

동사

큐알코드를 체크하면
일본인의 발음을 들을 수 있습니다.
일본어 단어를 큰소리로 따라 읽고
밑줄 위에 여러 번 써보세요.

つくる
[作る] 츠꾸루
만들다

つくる

つたえる
[伝える] 츠따에루
전하다

つたえる

つづける
[続ける] 츠즈께루
계속하다

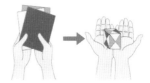

続ける
つづける

つづける

つもる
[積もる] 츠모루
쌓이다

つもる

でかける
[出掛ける] 데까께루
외출하다; 나가다

でかける

できる
[出来る] 데끼루
생기다, 할 수 있다

できる

てつだう
[手伝う] 테쯔다우
거들다

てつだう

でる
[出る] 데루
나가다; 나오다

でる

とおる
[通る] 토오루
통하다, 뚫리다

とおる

とじる
[閉じる] 토지루
닫히다, 닫다

閉じる
とじる

とじる

とぶ
[飛ぶ] 토부
날다

とぶ

とめる
[止める] 토메루
멈추다, 세우다

とめる

とる
[撮る] 토루
(사진을) 찍다

とる

とる
[取る] 토루
잡다, 들다; 쥐다

とる

なおす
[直す] 나오스
고치다, 바로잡다

なおす

なく
[泣く] 나꾸
울다

なく

なくす
[無くす] 나꾸스
없애다; 잃다

なくす

なげる
[投げる] 나게루
던지다

なげる

ならう
[習う] 나라우
익히다, 배우다

ならう

동사

큐알코드를 체크하면
일본인의 발음을 들을 수 있습니다.
일본어 단어를 큰소리로 따라 읽고
밑줄 위에 여러 번 써보세요.

にあう
[似合う] 니아우
어울리다

自分に似合う服を知ろう。

にあう

にげる
[逃げる] 니게루
도망치다; 달아나다

にげる

にる
[似る] 니루
닮다

にる

ぬぐ
[脱ぐ] 누구
(옷을) 벗다

ぬぐ

ねむる
[眠る] 네무루
잠자다; 잠들다

ねむる

ねる
[寝る] 네루
자다, 눕다

ねる

のこる
[残る] 노꼬루
남다

のこる

のぼる
[登る] 노보루
(높은 곳으로) 올라가다

のぼる

のむ
[飲む] 노무
마시다, 복용하다

のむ

のる
[乗る] 노루
타다

のる

はいる
[入る] 하이루
들어오다; 들어가다

はいる

はじまる
[始まる] 하지마루
시작되다

はじまる

はしる
[走る] 하시루
달리다

はしる

はなす
[話す] 하나스
이야기하다, 말하다

はなす

ひかる
[光る] 히까루
빛나다

ひかる

ひく
[引く] 히꾸
끌다

ひく

ひらく
[開く] 히라꾸
열리다, 열다

ひらく

ひろう
[拾う] 히로-
줍다

ひろう

ふく
[吹く] 후꾸
불다

ふく

동사

UNIT 28 動詞

큐알코드를 체크하면
일본인의 발음을 들을 수 있습니다.
일본어 단어를 큰소리로 따라 읽고
밑줄 위에 여러 번 써보세요.

ふる
[降る] 후루
(비, 눈이) 내리다; 오다

ふる

まがる
[曲がる] 마가루
구부러지다, 굽다

まがる

まつ
[待つ] 마쯔
기다리다

まつ

みがく
[磨く] 미가꾸
닦다

みがく

みせる
[見せる] 미세루
보이다

みせる

みつける
[見つける] 미쯔께루
찾다; 발견하다

みつける

みる
[見る] 미루
보다

みる

むかえる
[迎える] 무까에루
맞이하다, 마중하다

むかえる

もつ
[持つ] 모쯔
쥐다; 들다, 가지다

もつ

やく
[焼く] 아꾸
태우다, 굽다

やく

やすむ
[休む] 야스무
쉬다

やすむ

やめる
[止める] 먀메루
그만두다; 중지하다

やめる

よぶ
[呼ぶ] 요부
부르다

よぶ

よむ
[読む] 요무
읽다

よむ

わかる
[分(か)る] 와까루
알다; 이해하다

わかる

わかれる
[別れる] 와까레루
헤어지다, 갈라서다

わかれる

わすれる
[忘れる] 와스레루
잊다

わすれる

わらう
[笑う] 와라우
웃다

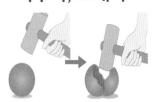

わらう

わる
[割る] 와루
나누다, 쪼개다

わる

형용사

큐알코드를 체크하면
일본인의 발음을 들을 수 있습니다.
일본어 단어를 큰소리로 따라 읽고
밑줄 위에 여러 번 써보세요.

あおい
[青い] 아오이
파랗다, 푸르다

あおい

あかい
[赤い] 아까이
빨갛다

あかい

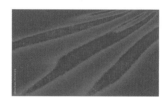

あかるい
[明るい] 아까루이
밝다, 명랑하다

あかるい

あさい
[浅い] 아사이
얕다, 깊지 않다

あさい

あたらしい

[新しい] 아따라시-

새롭다

あたらしい

あつい

[暑い] 아쯔이

덥다

あつい

あつい

[熱い] 아쯔이

뜨겁다

あつい

あつい

[厚い] 아쯔이

두껍다, 두텁다

厚い

あつい

あぶない

[危ない] 아부나이

위험하다

あぶないよ

あぶない

あまい
[甘い] 아마이
달다, 싱겁다

あまい

いい
이-
좋다

いい

いそがしい
[忙しい] 이소가시-
바쁘다

いそがしい

いたい
[痛い] 이따이
아프다

いたい

うすい
[薄い] 우스이
얇다

うすい

うつくしい
[美しい] 우쯔꾸시-
아름답다

うつくしい

うまい
[美味い] 우마이
맛있다

うまい

うるさい
[煩い] 우루사이
시끄럽다; 번거롭다

うるさい

うれしい
[嬉しい] 우레시-
즐겁고 기쁘다

うれしい

おいしい
[美味しい] 오이시-
맛있다

おいしい

형용사

큐알코드를 체크하면
일본인의 발음을 들을 수 있습니다.
일본어 단어를 큰소리로 따라 읽고
밑줄 위에 여러 번 써보세요.

おおい
[多い] 오-이
많다

おおい

おおきい
[大きい] 오-끼-
크다

おおきい

おそい
[遅い] 오소이
늦다, 느리다

おそい

おもい
[重い] 오모이
무겁다

おもい

おもしろい
[面白い] 오모시로이
재미있다

おもしろい

かたい
[堅い·固い] 카따이
단단하다; 딱딱하다

かたい

かなしい
[悲しい] 카나시-
슬프다

かなしい

からい
[辛い] 카라이
맵다

からい

かるい
[軽い] 카루이
가볍다

かるい

かわいい
[可愛い] 카와이-
귀엽다

かわいい

きいろい
[黄色い] 키-로이
노랗다

きいろい

きたない
[汚い] 키따나이
더럽다

きたない

くらい
[暗い] 쿠라이
어둡다

くらい

くるしい
[苦しい] 쿠루시-
괴롭다, 답답하다

くるしい

くろい
[黒い] 쿠로이
검다, 까맣다

くろい

こまかい
[細かい] 코마까이
잘다, 미세하다

こまかい

こわい
[怖い] 코와이
무섭다, 두렵다

こわい

さむい
[寒い] 사무이
춥다

さむい

したしい
[親しい] 시따시-
친하다, 가깝다

したしい

형용사

31

形容詞

큐알코드를 체크하면
일본인의 발음을 들을 수 있습니다.
일본어 단어를 큰소리로 따라 읽고
밑줄 위에 여러 번 써보세요.

しろい
[白い] 시로이
희다

しろい

すくない
[少ない] 스꾸나이
적다, 어리다

すくない

すごい
스고이
굉장하다

すごい

すずしい
[涼しい] 스즈시-
시원하다, 선선하다

すずしい

せまい
[狭い] 세마이
좁다

せまい

たかい
[高い] 타까이
높다, (값이) 비싸다

たかい

ただしい
[正しい] 타다시-
옳다; 맞다

ただしい

たのしい
[楽しい] 타노시-
즐겁다

たのしい

ちいさい
[小さい] 치-사이
작다

おおきい? ちいさい?

ちいさい

ちかい
[近い] 치까이-
가깝다

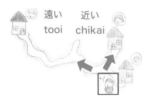

ちかい

つめたい
[冷たい] 츠메따이
차갑다; 차다

つめたい

つよい
[強い] 츠요이
강하다; 세다

つよい

とおい
[遠い] 토-이
멀다

とおい

ない
나이
아니다, 없다

ない

ながい
[長い] 나가이
길다

ながい

にがい
[苦い] 니가이
씁쓸하다, 쓰다

にがい

ぬるい
[温い] 누루이
미지근하다

ぬるい

ねむい
[眠い] 네무이
졸리다

ねむい

はずかしい
[恥ずかしい] 하즈까시-
부끄럽다; 창피하다

はずかしい

형용사

큐알코드를 체크하면
일본인의 발음을 들을 수 있습니다.
일본어 단어를 큰소리로 따라 읽고
밑줄 위에 여러 번 써보세요.

はやい
[速い] 하야이
(속도가) 빠르다

はやい

はやい
[早い] 하야이
(시간이) 이르다

はやい

ひくい
[低い] 히꾸이
낮다

ひくい

ひろい
[広い] 히로이
넓다

ひろい

ふかい
[深い] 후까이
깊다

ふかい

ふとい
[太い] 후또이
굵다

ふとい

ふるい
[古い] 후루이
오래되다, 헐다

ふるい

ほそい
[細い] 호소이
가늘다, 좁다

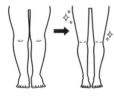

ほそい

まずい
[不味い] 마즈이
맛이 없다, 서투르다

まずい

まるい
[円い] 마루이
둥글다

まるい

まるい
[丸い] 마루이
둥글다

まるい

みじかい
[短い] 미지까이
짧다

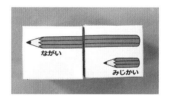

みじかい

むずかしい
[難しい] 무즈까시-
어렵다

むずかしい

やさしい
[易しい] 야사시-
쉽다

やさしい

やすい
[安い] 야스이
(값이) 싸다, 편하다

やすい

よい
[良い] 요이
좋다; 훌륭하다

よい

よわい
[弱い] 요와이
약하다

よわい

わかい
[若い] 와까이
젊다

わかい

わるい
[悪い] 와루이
나쁘다, 못되다

わるい

형용동사

큐알코드를 체크하면
일본인의 발음을 들을 수 있습니다.
일본어 단어를 큰소리로 따라 읽고
밑줄 위에 여러 번 써보세요.

あんぜんな
[安全な] 안젠나
안전한

あんぜんな

いやな
[嫌な] 이야나
싫은; 하고 싶지 않은

いやな

いろいろな
[色々な] 이로이로나
여러 가지의

いろいろな

おおきな
[大きな] 오-끼나
큰

おおきな

おなじ
[同じ] 오나지
같은

おなじ

かんたんな
[簡単な] 칸딴나
간단한

かんたんな

きらいな
[嫌いな] 키라이나
싫은; 마음에 들지 않은

きらいな

きれいな
[奇麗な] 키레-나
예쁜, 깨끗한

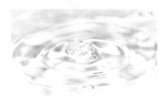

きれいな

げんきな
[元気な] 겡끼나
기운찬, 힘있는

げんきな

さかんな
[盛んな] 사깐나
성한, 기세가 좋은

さかんな

ざんねんな
[残念な] 잔넨나
유감스러운, 억울한

残念です

ざんねんな

しずかな
[静かな] 시즈까나
조용한

しずかな

じゃまな
[邪魔な] 쟈마나
방해되는

じゃまな

じゆうな
[自由な] 지유-나
자유스런

私たちは自由！

じゆうな

じゅうぶんな
[十分な] 쥬-분나
충분한

じゅうぶんな

じょうずな
[上手な] 죠-즈나
능숙한, 솜씨가 좋은

じょうずな

じょうぶな
[丈夫な] 죠-부나
건강한, 견고한; 튼튼한

じょうぶな

しんぱいな
[心配な] 심빠이나
걱정스런; 근심스런

しんぱいな

すきな
[好きな] 스끼나
좋아하는

すきな

형용동사

UNIT
34
形容動詞

큐알코드를 체크하면
일본인의 발음을 들을 수 있습니다.
일본어 단어를 큰소리로 따라 읽고
밑줄 위에 여러 번 써보세요.

だいじな
[大事な] 다이지나
소중한

だいじな

だいじょうぶな
[大丈夫な] 다이죠-부나
괜찮은; 걱정없는

だいじょうぶな

だいすきな
[大好きな] 다이스끼나
매우 좋아하는

だいすきな

たいせつな
[大切な] 타이세쯔나
중요한, 귀중한

たいせつな

たいへん
[大変] 타이헹
매우 힘든

たいへん

たいへんな
[大変な] 타이헨나
대단한; 엄청난

たいへんな

たしかな
[確かな] 타시까나
확실한, 틀림없는

たしかな

だめな
[駄目な] 다메나
소용없는; 효과가 없는

だめな

ちいさな
[小さな] 치-사나
작은

ちいさな

ていねいな
[丁寧な] 테-네-나
정중한, 신중한

ていねいな

にぎやかな
[賑やかな] 니기야까나
활기찬; 번화한

にぎやかな

ひつような
[必要な] 히쯔요-나
필요한

ひつような

ふべんな
[不便な] 후벤나
불편한

ふべんな

へたな
[下手な] 헤따나
서투른, 어중간한

へたな

へんな
[変な] 헨나
보통이 아닌; 이상한

へんな

べんりな
[便利な] 벤리나
편리한

べんりな

まじめな
[真面目な] 마지메나
착실한; 성실한

まじめな

ゆうめいな
[有名な] 유-메-나
유명한

ゆうめいな

りっぱな
[立派な] 립빠나
훌륭한

りっぱな

부사

UNIT

35

副詞

큐알코드를 체크하면
일본인의 발음을 들을 수 있습니다.
일본어 단어를 큰소리로 따라 읽고
밑줄 위에 여러 번 써보세요.

ああ

아아

저렇게

ああ

あと

[後] 아또

앞으로; 아직

あと2日!!

あと

あまり

[余り] 아마리

너무, 그다지; 별로

あまり

いくら

이꾸라

얼마나, 아무리

いくらですか
How much?
ikura desuka ?

いくら

いちばん
[一番] 이찌방
가장, 제일

いちばん

いつか
이쯔까
언젠가, 조만간에

いつか

いっぱい
[一杯] 입빠이
가득

いっぱい

いつも
이쯔모
언제나; 늘

いつも

いま
[今] 이마
방금; 막, 곧; 바로

いま

いろいろ
[色々] 이로이로
여러 가지

いろいろ

かなり
카나리
제법; 어지간히; 상당히

かなり

きっと
킷또
꼭; 반드시

きっと

けっして
[決して] 켓시떼
결코

けっして

さっき
[先] 삭끼
아까; 조금 전

さっき

しっかり
식까리

단단히; 꼭

日本人の使い分け方を学ぼう!
・しっかり
・きちんと
・ちゃんと

しっかり

じゅうぶんに
[十分に] 쥬-분니

충분히

十分に留意して
まいります

じゅうぶんに

すぐに
[直ぐに] 스구니

곧; 즉시, 곧바로

すぐに

すこし
[少し] 스꼬시

조금; 약간; 좀

すこし

そう
소-

그렇게

そう

부사

UNIT

36

副詞

큐알코드를 체크하면
일본인의 발음을 들을 수 있습니다.
일본어 단어를 큰소리로 따라 읽고
밑줄 위에 여러 번 써보세요.

それほど

소레호도

그렇게; 그다지; 그만큼

それほど	

火曜ドラマ
あなたのことは
それほど

そろそろ

소로소로

슬슬

そろそろ	

そろそろ寝ます..

だいぶ

[大分] 다이부

상당히; 어지간히; 꽤

だいぶ	

「ずいぶん」
と
「だいぶ」

たいへん

[大変] 타이헹

몹시; 매우; 대단히

たいへん	

たいへん
よくできました

たくさん
[沢山] 탁상
많이

おかねが たくさん あります。

たくさん

たぶん
[多分] 타붕
대개; 아마

呼応（こおう）

意味と使い方【一覧つき】

たぶん ○○へ行く だろう

たぶん

たまに
타마니
가끔, 어쩌다가

【頻度の割合】

いつも たいてい ときどき めったに
　　　　よく　　　たまに　　ほとんど
　　　　　　　　　　　　　　　　ぜんぜん

100% 80% 60% 50% 30% 20% 10% 0%

たまに

だんだん
[段々] 단당
점점

だん だん 早く なる

だんだん

ちっとも
칫또모
조금도; 잠시도

あなたは ちっとも わるくない

ちっとも

ちょうど
쵸-도

꼭; 정확히, 마침; 알맞게

ちょうど

ちょっと
춋또

조금; 좀

ちょっと

どうぞ
도-조

아무쪼록; 부디

どうぞ

とうとう
[到頭] 토-또-

드디어; 결국; 마침내

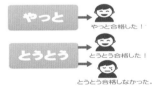

とうとう

どうも
도-모

정말; 참; 매우

どうも

ときどき
[時々] 토끼도끼

가끔; 때때로

ときどき

とくに
[特に] 토꾸니

특히

とくに

とくべつに
[特別に] 토꾸베쯔니

특별히

とくべつに

とても
토떼모

대단히; 매우, 도저히

とても

どんどん
돈동

자꾸; 계속

どんどん

부사

큐알코드를 체크하면
일본인의 발음을 들을 수 있습니다.
일본어 단어를 큰소리로 따라 읽고
밑줄 위에 여러 번 써보세요.

なかなか
나까나까

상당히; 꽤

なかなか

なぜ
나제

왜; 어째서

なぜ

なるべく
나루베꾸

될 수 있는 한; 되도록

なるべく

なるほど
나루호도

정말; 과연

なるほど

はっきり
학끼리

똑똑히; 명확히

はっきり

ふつう
[普通] 후쯔-

보통; 대개

ふつう

ほんとうに
[本当に] 혼또-니

정말이지; 참으로

ほんとうに

まず
마즈

우선, 첫째로

まず

また
마따

또; 다시

また

まだ
마다

아직(도), 겨우

まだ

まっすぐ
맛스구

똑바로, 곧장

まっすぐ

もう
모-

벌써; 이미, 더

もう

もし
모시

만약; 만일

もし

もちろん
[勿論] 모찌롱

물론; 말할 것도 없이

もちろん

もっと

못또

더; 더욱; 좀더

もっと

やっと

얏또

겨우; 가까스로

やっと

やはり

야하리

역시

やはり

ゆっくり

육꾸리

천천히; 서서히

ゆっくり

よく

요꾸

잘; 충분히, 곧잘

にほんごが よく わかります。

よく

감동사

큐알코드를 체크하면
일본인의 발음을 들을 수 있습니다.
일본어 단어를 큰소리로 따라 읽고
밑줄 위에 여러 번 써보세요.

UNIT
38
感動詞

あの
아노

말이 막혔을 때: 저

あの

あら
아라

어머나

あら, しばらく
어머나, 오랜만이야

あら

いいえ
이-에

아니

아니야~

いいえ

いえ
이에

아뇨

**いえ、そうでは
ありません**
아뇨, 그렇지 않습니다

いえ

いや
이야
싫어, 아냐; 아니오

いや

うん
웅
응, 끙

うん

ええ
에-
네; 예

ええ

ええと
에-또
저어; 거시기

Let's see... Well.....
ええと / あのう

ええと

おい
오이
여봐; 이봐

おい

おお
오-
야; 어, 응

おお、すばらしい
야, 멋있다

おお

おや
오야
아니; 어머나; 이런

おや？ まあ！ へぇ～

おや

さあ
사-
자아; 어서, 아아, 글쎄

さあ

さて
사떼
다음 행동에 옮길 때; 자

さて、そろそろ
かえろうか
자, 슬슬 가 볼까

さて

しまった
시맛따
아차; 아뿔싸

しまった

ちょっと
촛또

여보세요; 이봐요; 잠깐

ちょっとまって

ちょっと

なになに
나니나니

뭐뭐; 무엇이라고

なになにそれは
ほんとうか

뭐뭐, 그게 참말이야

なになに

なるほど
나루호도

정말; 과연

なるほど
わからん…

なるほど

はい
하이

네, 대답하는 소리

はい
はい
はい！

はい

まあ
마-

그럭저럭, 자; 뭐, 어...

ぼくはまあ…

나야 뭐 그냥...

まあ